LE MINISTÈRE

PEUT-IL,

SANS VIOLER LA CHARTE,

Réduire les listes électorales en vertu des dégrèvemens sur la contribution foncière?

PAR UN ÉLECTEUR DE SEINE-ET-MARNE.

A PARIS,

CHEZ PONTHIEU, PALAIS-ROYAL GALERIE DE BOIS, Nᵒ 201;
ET DELAUNAY, MÊME GALERIE, Nᵒˢ 243 ET 244.

MAI 1821.

LE MINISTÈRE

PEUT-IL,

SANS VIOLER LA CHARTE,

Réduire les listes électorales en vertu des dé-grèvemens sur la contribution foncière?

~~~~~~~~~~~~~~~~~~~~~

En tout pays, et sous quelque gouvernement que ce soit, c'est assurément un devoir sacré pour les ministres de réduire les dépenses publiques au pur nécessaire, et d'alléger les charges qui pèsent sur le peuple, dès qu'ils le peuvent sans préjudicier au bien de l'Etat.

Un autre devoir, non moins strict pour eux, dans un Gouvernement représentatif, c'est de respecter les droits politiques des citoyens, et de laisser aux élections toute la latitude constitutionnelle; et l'on remarquera que l'accomplissement de ce devoir est la seule garantie que le premier sera religieusement observé. En effet, si la classe populaire, dépouillée de ses droits,

1*
~~~~~~~~~~~~~~~~~~~~~

était exclue des colléges électoraux, le Gouvernement, transformé en une monarchie absolue ou en une oligarchie tyrannique, règlerait les impôts suivant son caprice et n'y mettrait souvent d'autre mesure que celle que lui conseillerait la crainte de pousser le peuple au désespoir.

Il ne paraît pas que ces graves considérations aient suffisamment frappé le ministère, puisque, l'année dernière, il a retranché des listes électorales, les noms des contribuables qui, par le seul effet du dégrèvement, ne payaient plus les 3oo fr. de contributions directes pour lesquels ils figuraient sur les rôles des années précédentes.

Le Gouvernement propose aujourd'hui un nouveau dégrèvement sur la contribution foncière, et, si le pouvoir législatif n'y met ordre, on ne peut douter que cet allégement de charges ne donne lieu à de nouvelles éliminations; car, selon la jurisprudence électorale admise par les ministres, le dégrèvement doit faire disparaître des listes, tout électeur dont la contribution foncière tombera au-dessous de 3oo fr. Ainsi, par suite de la diminution des impôts, la classe populaire serait insensiblement rejetée des colléges électoraux, et les grands propriétaires fonciers finiraient par être seuls appelés à élire les députés chargés de voter le budget.

Il est urgent que les Chambres ouvrent les yeux sur les dangers de cette réduction inconstitutionnelle des listes électorales. Elle est destructive du Gouvernement représentatif et contraire à l'esprit de la Charte; elle anéantit les libertés du peuple et compromet les prérogatives de la couronne : c'est ce que je veux démontrer.

Et d'abord, qu'il me soit permis de rappeler quelques principes sur lesquels repose tout le système électoral dans les Gouvernemens représentatifs; je veux dire : dans les Gouvernemens où le peuple exerce une influence quelconque sur les affaires publiques.

Comme le peuple ne peut participer directement à l'œuvre de la législation , il faut qu'il ait des fondés de pouvoirs , des représentans , ou , si l'on aime mieux , des députés , le nom n'importe guère; mais par qui ces députés seront-ils élus , si ce n'est par le peuple lui-même ? Toutefois , il est un degré d'abaissement où l'homme occupé uniquement de pourvoir à ses premiers besoins, ne peut prétendre au droit de suffrage. Comment celui que la fortune a mis dans la dépendance de tout le monde , aurait-il une volonté qui lui serait propre ? Comment résisterait-il à la brigue, et pourquoi se mettrait-il en peine de défendre des intérêts qui ne sont pas les siens, et des droits qu'il ne peut pas comprendre? La société demande que l'électeur ait quelque chose à perdre, afin qu'il prenne un intérêt direct au maintien de l'ordre. Mais elle n'exige pas qu'il ait le superflu ni même de l'aisance ; elle est satisfaite s'il possède un revenu qui lui assure le nécessaire, parce que, ne voulant pas supposer la servitude morale dans une situation sociale au-dessus de la misère, elle admet qu'il votera en toute liberté de conscience.

Il faut que la source du revenu soit visible, sans cela où serait la garantie de sa légitimité? D'où naîtrait la présomption de la moralité du possesseur? Il faut encore que cette source ait un principe de durée, car si elle n'était que passagère, elle ne serait pas un gage d'indépendance et d'amour de l'ordre.

La propriété foncière et l'industrie, remplissant à un haut degré toutes les conditions du problême, sont les deux bases solides sur lesquelles repose le droit électoral. Mais la simple déclaration d'un citoyen ne suffit pas pour le faire ranger dans la classe des propriétaires ou des industrieux ; la société cherche un titre légal; elle le trouve dans l'inscription aux rôles des contributions foncières ou industrielles. Qu'on se garde de penser que la contribution constitue le droit ou le crée ; le droit est antérieur à elle; il résulte de la possession d'un bien fonds,ou industriel dont le revenu garantit l'indépendance réelle ou supposée du propriétaire. L'inscription aux rôles, n'est donc que le signe de l'existence du droit, qui ne périrait pas lors même que les rôles cesseraient d'exister.

Le législateur selon les temps, les lieux, l'état de la civilisation, doit se montrer plus ou moins exigeant pour conférer le droit électoral; mais comme la création de la chambre élective a pour principal objet de donner au peuple une part dans les affaires publiques, il convient que les élémens populaires dominent dans les colléges électoraux afin que les députés soient, de fait et de droit, les députés du peuple; autrement ils prendraient un titre, et s'arrogeraient des pouvoirs qui ne leur appartiendraient pas, et le peuple, qui n'aurait aucune relation avec eux, ne trouvant point de défenseurs dans la chambre élective, verrait périr ses libertés.

Ces principes incontestables vont nous aider à comprendre la lettre et l'esprit de la Charte. L'article 40 dit : « Les électeurs qui concourent à

» la nomination des députés ne peuvent avoir
» droit de suffrage, s'ils ne paient une contri-
» bution directe de 3oo fr.... » Ces paroles, sont,
je l'avoue, positives, absolues. Mais admettons
pour un moment qu'à l'époque où elles furent
écrites, le budget au lieu d'imposer la propriété foncière au quart du revenu, en eût
exigé le tiers ou la moitié, ou bien se fût con-
tenté du sixième ou du septième; dira-t-on
que cette différence en plus ou en moins, n'eût
apporté aucune modification dans la rédaction de l'art. 4o, et que les 5oo fr.; dans l'une
ou l'autre hypothèse, eussent été une condition de rigueur qu'il eût fallu subir au risque
de livrer le pays à une démocratie turbulente
ou à une oligarchie tyrannique? Cette supposi-
tion répugne à la raison. Qu'eût donc fait le législateur? Il eût haussé ou baissé le cens électoral dans une telle mesure que la composition
des colléges eût été la même que celle que nous
avons vue; car cela seul s'accorde avec les idées
de justice et de modération qui ont présidé à
la rédaction de la Charte. Que si l'on est forcé
de reconnaître qu'en 1814, le parti contraire
eût été diamétralement opposé à l'esprit de la
Charte, prétendra-t-on qu'il y serait conforme
en 1821? Non, sans doute; l'esprit de la Charte

ne change pas selon les temps, il est aussi immuable que la contribution est mobile et variable de sa nature. Ainsi en s'attachant obstinément à la condition des 3oo fr., lorsque la loi de finances fait tomber la contribution foncière bien au-dessous du taux de 1814, c'est-à-dire au sixième ou au septième des revenus, on s'écarte de l'esprit de la Charte, ou, pour ne rien taire, on rejète le pacte constitutionnel puisqu'on abolit les élections populaires.

Dire que le législateur voulut conférer le droit électoral en dédommagement d'une contribution déterminée, serait une véritable dérision. Ce que le législateur voulut, ce fut des garanties de moralité, de capacité et d'indépendance. Il pensa que la contribution foncière de 3oo fr, indiquant, dans les contribuables, ce bien-être qui fait préjuger un attachement sincère aux intérêts du pays, un sentiment réfléchi du besoin de l'ordre et de la stabilité, serait le gage du discernement et de la modération qu'ils porteraient dans leurs choix. Qui pourrait douter que, si l'état de la société eût été tel en 1814, que le législateur eût trouvé la réunion de ces conditions morales dans une masse plus considérable de contribuables, il n'eût accru le nombre des citoyens appelés à hommer directement les députés, en abaissant la limite jusqu'au point où ces conditions auraient cessé d'exister ? Cette mesure eût été tout ensemble équitable et politique; car il y aurait eu injustice et danger à repousser des collégés électoraux, une foule de propriétaires qui, sentant leur propre valeur, auraient éprouvé un mécontentement très-légitime de l'injure qu'on leur aurait faite.

Mais si le législateur s'est abstenu de confier la nomination des députés à des citoyens qui payaient moins de 300 fr. d'impositions directes, est-on fondé à conclure qu'il voulût priver de toute espèce de participation aux droits électoraux, cette classe laborieuse qui fait la force de l'État et qui est, à proprement parler, la substance même de la nation ? Ce n'est point mon avis. Je trouve que, sans blesser la lettre de la Charte, et même en s'attachant plus scrupuleusement au sens qu'elle renferme, il était facile de faire mieux que la loi du 5 février 1817. A l'aide d'une politique prévoyante et généreuse, on eût intéressé à la conservation du Gouvernement représentatif, une foule de petits propriétaires qui sont restés jusqu'à ce jour en dehors du système constitutionnel; et, dès-lors, la Charte enfoncée plus avant dans la population et appuyée sur une base plus large, eût été à couvert des insultes de ses ennemis. Mais on s'est efforcé de concentrer tous les droits dans la moyenne et la grande propriétés, et on n'en a concédé aucun à la petite comme si elle n'avait eu rien à prétendre dans les bienfaits du nouvel ordre social. Cette injustice a eu des suites funestes. La lutte s'est engagée entre la grande et la moyenne propriétés, et cette dernière, qui n'avait pas su être équitable envers le peuple, a reçu le châtiment de son égoïsme : abandonnée à ses propres forces, elle a été vaincue ; elle devait l'être.

Ce serait juger bien superficiellement les choses que d'attribuer sa défaite aux combinaisons politiques du ministère; il fut lui-même entraîné par les conséquences inévitables d'un système essentiellement vicieux. A-t-on su profiter de l'expérience? A-t-on essayé d'attacher le peuple, par de fortes institutions, à la monarchie constitutionnelle, et de le retirer de cette indifférence politique, qui, chez les nations civilisées, est le triste symptôme de la défaillance et de la dissolution? Non : on propose aujourd'hui un projet de loi sur l'organisation des communes, et, dans un but qu'on ne se donne pas la peine de dissimuler, on établit dans chaque ville, dans chaque bourg, dans chaque village,

je ne sais quelle obscure aristocratie qui doit
tout à la loi, rien à la confiance, et qui décide
souverainement des intérêts de la communauté.
Ce n'est donc pas assez d'avoir privé les petits
propriétaires de toute participation aux affaires
publiques, on veut leur interdire la nomination
de leurs officiers municipaux, et jusqu'à la con-
naissance de leurs propres affaires ! Ce système
de spoliation a sa source dans une politique qu'il
est plus facile de caractériser que de qualifier. On
s'indigne, on s'irrite des moindres résistances et
l'on voudrait les anéantir ; on se tâte, on se trouve
trop faible, on espère se fortifier de toute la force
que l'on dérobe au peuple ; mais cette force qui,
laissée à sa place et prudemment réglée, eût pro-
duit des effets merveilleux, est perdue pour tout
le monde.

Il est permis de soupçonner que l'administration supérieure a cru faire encore une conquête
dans l'intérêt du pouvoir, en profitant de la diminution des contributions pour resserrer dans
des limites plus étroites, les colléges électoraux ;
mais elle a méconnu ses devoirs et la source
naturelle de son influence. Le Gouvernement représentatif tire sa principale force de l'assenti-
ment du peuple. Si les députés sont élus par
une minorité si petite, qu'elle soit, pour ainsi

dire, imperceptible au milieu de la population, quelle confiance, quel respect inspireront-ils à leurs concitoyens? Le peuple verra-t-il dans les lois, l'expression du vœu de ses commettans? Croira-t-il que ses intérêts sont remis en des mains sûres? Jouira-t-il de cette précieuse sécurité, fruit salutaire d'un Gouvernement représentatif franchement et loyalement adopté? Je ne saurais le penser.

Il faut le répéter, la Charte n'a pas entendu que la diminution des contributions entraînerait à sa suite la réduction des listes électorales. La Charte a admis, en 1814, la contribution de 5oo fr. comme signe de la position sociale où l'on devait trouver toutes les conditions nécessaires aux fonctions d'électeurs. Elle a conclu du taux de la contribution à la valeur de la propriété, et de celle-ci à la capacité électorale du propriétaire. Cette capacité est le point essentiel; si la Charte n'y est pas arrivée directement, c'est qu'elle n'avait aucun moyen direct et absolu de l'apprécier; mais la contribution la lui a fait préjuger, sinon dans les individus isolés, du moins dans les masses.

Aujourd'hui on diminue en vertu d'un dégrèvement général les charges qui pèsent sur une propriété imposée à 5oo francs en 1814; s'ensuit-il que la position sociale du propriétaire soit moins élevée? qu'il soit moins intéressé à la conservation de l'ordre et à la stabilité du Gouvernement? Tant s'en faut, car son revenu s'accroît de la somme que l'on retranche à sa contribution, et son capital, produisant un plus gros intérêt, acquiert plus de valeur. Il est donc plus riche, et, par conséquent, il offre plus de garanties qu'avant le dégrèvement. Cela importe peu; on ne veut reconnaître que les chiffres des rôles des contributions. Cependant, de quel front osera-t-on dire à ce propriétaire dépouillé de ses droits : lorsque vous gémissiez sous le poids de lourds impôts, que vos champs étaient mal cultivés, que votre revenu suffisait à peine à vos besoins, je vous ai jugé digne de voter dans les colléges électoraux; mais maintenant que votre agriculture prospère et que vous jouissez de quelque aisance, je vous dégrade et vous rejette dans la classe des hommes que leur abaissement exclut de toute participation à l'exercice des droits politiques? Si ce propriétaire est sensible à cette humiliation, et qu'il préfère les droits qu'on lui ôte à l'argent qu'on lui laisse, ne penserat-il pas que l'administration, en lui présentant le dégrèvement comme un bienfait, ajoute la dérision à l'injustice? Il faudrait du moins que les contribuables eussent la faculté d'opter entre le dégrèvement et les droits ; l'alternative serait bizarre, mais elle aurait pourtant ce mérite que les propriétaires qui se croiraient lésés, pourraient se racheter de l'espèce d'exhérédation politique que la loi de finances fait peser sur eux. En fait d'injustices, les plus raisonnables sont nécessairement les moins vexatoires.

Le budget des années précédentes et celui de cette année soulagent les propriétaires de 50 millions. Un quart des électeurs, sans avoir rien perdu de ce qu'il possédait, va être rayé des listes ; beaucoup d'électeurs qui, par l'effet de la loi de 1820, avaient le double vote, ne jouiront plus que du vote simple ; beaucoup aussi cesseront d'être éligibles ; ainsi la loi de finances, au moment où elle semble favoriser la propriété, agissant furtivement sur la loi d'élections, anéantit les droits politiques d'une partie des propriétaires électeurs, et affaiblit les titres de ceux qui conservent encore les droits. En 1814, les listes comprenaient de 95 à 100,000 noms, et certes, ce n'était pas trop pour une population de 29,000,000 d'hommes, répandue sur 40,000,000 lieues carrées. En 1821, les listes ne contiendront que 70,000 noms au plus, et cette diminution, déjà si considérable, ne s'arrétera pas là. En effet, les 50,000,000 laissés aux propriétaires, augmenteront la consommation, et, par conséquent, sans même que les droits sur l'industrie s'accroissent, les impôts indirects produiront davantage. Ainsi le Gouvernement pourra et devra accorder, d'année en année, de nouveaux dégrèvemens à la propriété foncière, jusqu'au terme que sa sagesse a sans doute marqué aux encouragemens à donner à l'agriculture.

Il est donc probable, en supposant qu'aucun événement imprévu ne change le cours naturel des choses, qu'à une époque qui n'est pas très-éloignée, les listes électorales seront composées des noms des 15 à 20,000 plus grands propriétaires du royaume, comme les listes actuelles des colléges de département, et que les autres propriétaires seront, quant aux droits politiques, sur le même pied que les derniers des prolétaires. Mais il n'en sera pas de même si la nécessité des temps, des guerres dispendieuses, des emprunts ruineux, des plans de finances mal conçus, le dépérissement de l'industrie obligent le Gouvernement à charger la contribution foncière au-delà de ce qu'elle supportait en 1814. Alors un grand nombre de citoyens, dans lesquels le législateur ne reconnaissait pas les qualités nécessaires pour faire de bons choix , entreront dans les colléges électoraux à la faveur des nouveaux rôles , puisque , dans le système ministériel , les rôles sont tout , la capacité n'est rien.

Je le demande à tout homme doué du simple bon sens , le législateur a-t-il voulu restreindre le nombre des électeurs lorsque la prospérité et le bonheur publics seraient garans de l'obéissance et de l'amour des sujets ? A-t-il voulu au contraire , que dans les temps calamiteux , lorsqu'à tort ou à raison , le peuple attribue ses maux à l'impéritie ou à la malice du Gouvernement , les colléges s'ouvrissent à des électeurs qui y porteraient l'ignorance , les préjugés , les passions populaires ? A-t-il voulu enfin livrer la société à de perpétuelles vicissitudes , et bâtir l'édifice de la Charte sur un terrain plus mobile que le sable?

L'industrie a obtenu sa part dans les élections; on a ouvert les colléges aux plus forts patentés ; cela était raisonnable. Mais s'il plaisait au ministère de diminuer l'impôt de la patente , ou de le remplacer par quelque impôt indirect , s'ensuivrait-il que les banquiers , les négocians , les manufacturiers , les marchands qui ne posséderaient aucun bien fonds , dussent être impitoyablement retranchés du nombre des élec-

teurs ? Sans nul doute, autrement l'administration se montrerait partiale ; il n'y a pas de bon-
nes raisons pour qu'elle épargne les industrieux
quand elle frappe les propriétaires. Dans un système d'égalité devant la loi, l'injustice, de même que la justice, doit être égale pour tous : c'est
le moyen de la rendre non pas plus respectable,
mais moins offensante.

D'ailleurs, ceux qui trouvent que la loi de 1820
est encore trop libérale envers la classe moyenne,
ne manqueraient pas de prétextes pour deman-
der l'exclusion des patentés. Ils remarqueraient
que l'élimination d'un grand nombre de propriétaires a accru outre mesure l'influence des
industrieux; qu'en rendant ceux-ci maîtres des
élections dans les villes commerçantes ou manu-
facturières on a affaibli la prépondérance légi-
time de la propriété foncière, et qu'il importe
de rétablir une juste proportion entre deux intérêts rivaux. Cette fois du moins l'injustice se
cacherait sous le voile de l'équité.

Jusqu'ici nous n'avons considéré que les
tristes conséquences d'un faux principe sans avoir
égard au caractère moral des hommes qui en
feraient l'application. Mais voyons ce qu'il pro-
duirait s'il était mis en pratique par des ministres corrompus qui, pour se maintenir au pou-

voir, voudraient favoriser l'ambition et la cupidité
d'une faction aristocratique composée de quelques familles de grands propriétaires. Le budget
ne serait dans les mains de tels ministres qu'un
instrument d'élection à l'aide duquel ils se dé-
barrasseraient en peu de temps des quatre cin-
quièmes des électeurs; comptant sur l'impunité,
ils laisseraient dépérir les branches les plus
importantes de l'administration, et abuseraient
la multitude par des économies désastreuses;
ils étoufferaient l'industrie en faisant peser sur
elle tout le fardeau des charges publiques; ils
ruineraient les petits propriétaires par le prix
excessif des objets de consommation; ils les ré-
duiraient à la dure nécessité de se dessaisir de
leur modeste héritage en faveur des possesseurs
de grands domaines; et, chose à peine croyable!
tandis qu'à l'occasion d'un plan de finances, ces
ministres pervers attaqueraient non-seulement
les colléges électoraux, mais la société tout entière, notre discipline parlementaire imposerait
silence à l'orateur patriote qui serait tenté d'éle-
ver la voix pour prouver que l'adoption pure et
simple du budget, précipiterait le pays dans les
abîmes d'une nouvelle révolution!

Ce qu'un ministère conspirateur pourrait
faire en peu d'années, la marche naturelle des

choses l'accomplira seule, quoique plus lente-
ment, s'il est une fois reconnu que la diminution ou la suppression des impôts, entraîne de
droit la réduction des listes électorales.

Ajouterai-je ici d'autres réflexions qui, pour
toucher à des passions du moment, ne se ratta-
chent pas moins à la question générale dont je
cherche la solution? Hé! pourquoi me tairai-je?
Convaincu comme je le suis que s'il est un re-
mède aux maux de la patrie, c'est dans le
Gouvernement représentatif que nous devons
le trouver, je dirai, sans amertume et sans exa-
gération, de quel côté est le péril.

Assurément le ministère actuel, en proposant
le dégrèvement, n'a cédé qu'aux justes réclama-
tions des propriétaires. Sous ce point de vue,
sa conduite mérite des éloges; mais peut-être
ne montre-t-il pas assez de répugnance à adopter
les conséquences fausses et funestes, que cer-
tains hommes, qui ne semblent le tolérer qu'à
la condition expresse qu'il gouvernera dans léur
intérêt exclusif, prétendent tirer de la réduction
de la contribution foncière. Le ministère cependant leur a fait une concession qui devrait les
satisfaire : la création des colléges de départemens, composés du quart des électeurs jouissant
du double vote, leur donne désormais une

grande influence dans les colléges électoraux. Que veulent-ils de plus? ils veulent régner seuls; l'opposition les incommode et les blesse; ils ne peuvent la réduire au silence, ils songent à s'en défaire; ils soupçonnent que la prépondérance qu'ils ont obtenue tout récemment pourrait n'être qu'un faux emblême de leur importance dans la nation; ils se flattent que, secondés par la censure et maîtres absolus de la tribune nationale, ils parviendraient insensiblement à dénaturer l'opinion publique, et à remettre le peuple sous le joug. Si leurs efforts avaient pour objet d'accroître indéfiniment et contre l'esprit de la Charte, les prérogatives de la couronne, cette entreprise, très-condamnable en elle-même, aurait du moins pour origine un sentiment loyal et désintéressé d'amour et de confiance pour la dynastie de nos Rois. Mais, ils n'ont pas même cette excuse: ils montrent un besoin de distinctions, une avidité de places, une soif du pouvoir qu'avec plus d'habileté et moins de présomption ils dissimuleraient davantage. Après avoir lutté vainement pour rétablir un ordre de choses que repousse l'état actuel de la société, ils ont changé de tactique; ils reconnaissent que la révolution est consommée, ils ne contestent plus que sur ses conséquences. Ils n'ont pu l'ar-

rêter dans son cours, ils veulent seuls en recueil-
lir les fruits en concentrant dans leurs mains
tous les droits que la Charte accorde à la nation ;
en un mot, ils aspirent à fonder une oligarchie
dont le régime des majorats combiné avec des
élections toutes aristocratiques, leur assurerait
l'hérédité. Ce serait un pas décisif pour l'accomplissement de leurs vues de parvenir à éliminer
des colléges, les élémens populaires, et de pouvoir, à l'aide d'élections illusoires, s'offrir à la
France entière comme les représentans naturels
des départemens.

De ce que cette usurpation serait destructive
de nos droits, faut-il conclure qu'elle maintien-
drait les prérogatives de la couronne et la dignité
de la pairie? l'expérience et la réflexion disent
le contraire. L'autorité royale trouve, dans la
chambre héréditaire, un utile auxiliaire contre
la tendance trop démocratique de la chambre
élective, et dans celle-ci, un contre-poids à la
puissance aristocratique de la pairie. Mais si les
listes électorales étaient réduites au point de ne
contenir que les quinze ou vingt mille plus riches
propriétaires du royaume, et que la nomination
des députés fût faite sous l'influence prépondé-
rante des ennemis des libertés publiques, la couronne et la pairie n'auraient point de barrière à

opposer aux empiétemens de la chambre élective. Celle-ci composée d'élémens autant et plus aristocratiques que la pairie elle-même, et par sa nature, plus active, plus entreprenante, se prévalant de son origine soi-disant populaire, entraînerait dans son rapide mouvement la chambre héréditaire; et, dès-lors, le gouvernement sans défense, s'estimerait trop heureux de trouver un refuge dans la chambre élective pour sauver du moins les titres et les insignes d'un pouvoir dont il n'aurait plus que l'ombre. Sans doute, cette puissance oligarchique, désavouée par les plus glorieuses notabilités de la France ancienne et nouvelle, également redoutable, également odieuse au prince et au peuple, n'ayant pour elle que l'injustice et la violence, serait de courte durée; mais cela ne me tranquillise guère; je prévois que sa chute terrible, inévitable, deviendrait pour le pays, plus fatale encore que son existence passagère.

Je me résume: l'inscription aux rôles des contributions n'est que le signe de l'existence de la propriété. C'est de la propriété uniquement que naissent les droits politiques. Le signe est variable de sa nature, puisque l'augmentation ou la diminution des impôts fait changer les chiffres portés aux rôles ; mais tant que la propriété reste la même, les droits du propriétaire sont fixes et indestructibles. La formation des listes électorales est donc indépendante de la loi de finances.

En 1814, la Charte conféra les droits électoraux aux contribuables qui payaient 300 fr. de contributions directes ; elle reconnut par-là que 300 fr. de contributions directes étaient à cette époque, mais seulement à cette époque, le signe de l'existence de la propriété qui garantissait la capacité électorale du possesseur : la diminution des charges n'a pu altérer cette capacité. Ainsi le ministère en réduisant les listes électorales à l'occasion du dégrèvement, abuse de la lettre de la Charte pour en corrompre l'esprit, et viole, sous des apparences constitutionnelles, la raison, la justice et la Charte elle-même. Jusqu'à ce jour le pouvoir législatif a gardé le silence sur cette infraction à la loi fondamentale ; il est temps qu'il juge entre le peuple menacé dans son existence politique et le ministère qui attaque la constitution dans le point le plus sensible.

Je ne sais qu'un moyen constitutionnel d'assurer aux propriétaires les droits politiques dont le ministère prétend les frustrer.

Il faut établir de quelle somme, dans chaque département, toute cote foncière de 300 francs et de 1,000 francs, se trouvera réduite par l'effet successif des dégrèvemens ordonnés depuis 1814; il faut ensuite déclarer que ces nouvelles cotes, quoique inférieures aux taux ci-dessus fixés, confèrent en 1821, les mêmes droits d'élire et d'être élu que conféraient, en 1814, les cotes foncières de 300 fr. et de 1,000 fr. qu'elles remplacent et qu'elles représentent.

Si cette proposition était adoptée, tout dégrèvement nouveau nécessiterait une semblable mesure. Alors, le peuple représenté dans la chambre élective, saurait que ses intérêts y trouvent des défenseurs et n'appréhenderait pas que la Charte fût mise en oubli; alors, l'électeur propriétaire considérerait un allégement de charges comme un bienfait, tandis qu'aujourd'hui il ne peut y voir qu'un moyen insidieux de lui ravir ses droits les plus chers ; alors, le ministère forcé d'examiner la question du dégrèvement sous son véritable point de vue, ne le proposerait que lorsque des économies réelles et non fictives, le rendrait possible et profitable ; alors enfin, le dégrèvement pourrait être combiné de manière à ramener un juste équilibre entre chaque nature d'impôt, et à prévenir les dangers qui résulteraient de leur disproportion; dangers qui ne tendraient à rien moins qu'à ruiner le commerce et l'industrie, qu'à faire disparaître la moyenne et la petite propriétés, et qu'à livrer aux angoisses de la plus affreuse misère la classe laborieuse qui ne subsiste que par son travail journalier.

APPLICATION

Au département de Seine-et-Marne, de la mesure proposée.

———

Les contributions directes et notamment la contribution foncière, n'ont pas éprouvé de variation depuis 1814, si ce n'est en 1819.

En 1819, trente-cinq départemens obtinrent sur le principal de la contribution foncière, un dégrèvement de 4,590,098 fr. et les centimes additionnels de ce dégrèvement ; tous les départemens furent réduits de cinq centimes additionnels ; enfin la contribution des portes et fenêtres fut réduite, dans les centimes additionnels, de 90 c. à 50 c. Toutes ces diminutions s'élèvent à la somme de 20,650,147 francs.

On propose pour 1821, une réduction plus considérable sur la contribution foncière ; elle serait de 13,529,123 fr. 80 c. en principal et centimes additionnels, inégalement répartie entre cinquante-deux départemens, et de cinq centimes additionnels sur tous les départemens indistinctement ; le montant total de la diminution serait de 27,351,136 fr. 38 c.

(26)

Si l'on ajoute les remises des percepteurs, rece-
veurs, etc., on voit que, depuis 1814 jusqu'en 1821
inclusivement , la réduction totale sur les contributions
directes, serait de 50,400,000 f. c'est-à-dire d'environ
le septième des contributions de 1814.

Si les départemens et les contribuables avaient été
proportionnellement réduits, il serait aisé d'établir la
proportion sur une cote de 300 fr. : on dirait que cette
cote a été réduite à 257 fr. ; mais il n'en est pas ainsi.
Les dégrèvemens ont eu lieu sans proportion entre les
départemens , quoique, dans chaque département la
répartition ait été faite assez proportionnellement,
et que la réduction des centimes additionnels ait eu
lieu également pour tous les contribuables du royaume.

On peut donc, sans errer, faire un calcul par département, pour déterminer à quelle somme se trouvera
réduite en 1821, une cote de contribution foncière
qui était de 300 fr. en 1814.

Prenons pour exemple le département de *Seine* et
Marne.

Dans ce département, en 1814, un contribuable dont
la cote foncière était de 300 fr. , payait

	fr.	c.
en principal.	193	60
50 centimes additionnels.		
5 centimes pour frais de perception et		
remises des percepteurs.		
55 centimes	106	40
Total. . . .	300	00

En 1819 le principal dégrévé de
quatre centimes trois-quarts par franc,   fr. c.
n'est plus que de 184 40

Les centimes additionnels. 92 20

     Total de la cote, en 1819, 276 60

En 1821, le principal de 184 fr. 40 c.
se trouvera encore réduit de neuf centimes 855 millièmes pour franc, et il ne
s'élèvera alors qu'à 166 23

Les centimes additionnels, réduits à
quarante-cinq centimes, ne seront plus
que de 74 80

   La même cote ne sera donc, en 1821,

que de 241 03

C'est-à-dire, d'un cinquième moindre qu'en 1814.
Ainsi par l'effet des dégrèvemens successifs, dans le
département de Seine - et - Marne, tout contribuable
qui payait 373 fr. 40 c. en 1814, n'est plus électeur
en 1821.

La même proportion étant applicable à toutes les
cotes, il en résulte que le contribuable payant 1000 fr.
de contribution foncière en 1814, et alors éligible,
ne paiera plus que 803 fr. 30 c. en 1821, et que
tous les contribuables de 1000 fr. à 1246 fr. qui
étaient éligibles en 1814, ne le seront plus en 1821.

Ainsi d'après ma proposition, il faut déclarer, pour le département de Seine-et-Marne, que tout contribuable payant en 1821, 241 fr. 03 c. de contribution foncière, en principal et centimes additionnels, a conservé son droit électoral ; et que tout contribuable payant 803 fr. 30 c. de taxes foncières de la même nature a conservé son droit d'éligibilité.

DE L'IMPRIMERIE DE DENUGON.

www.ingramcontent.com/pod-product-compliance
Lightning Source LLC
Chambersburg PA
CBHW061450050726
47593CB00004B/1517